1 MONTH OF FREE READING

at

www.ForgottenBooks.com

By purchasing this book you are eligible for one month membership to ForgottenBooks.com, giving you unlimited access to our entire collection of over 1,000,000 titles via our web site and mobile apps.

To claim your free month visit:

www.forgottenbooks.com/free1285922

ISBN 978-0-364-95234-4
PIBN 11285922

Ueber die Stellung,

welche der

Baukunst, der Bildhauerei

und

Malerei

unter den Mitteln menschlicher Bildung

zukommt.

Vortrag,

gehalten am 18. März 1843 im Wissenschaftlichen
Verein zu Berlin

von

Dr. Gustav Waagen,

Director der Gemäldegalerie des Königl. Museums.

Leipzig:

F. A. Brockhaus.

Vorbemerkung.

Der Wunsch, theils würdigere Ansichten über das Wesen von Baukunst, Bildhauerei und Malerei und deren Wirkung allgemeiner zu verbreiten, als leider nach den von mir vielfach gemachten Erfahrungen noch immer häufig im Schwange gehen; theils dem richtigen aber unbestimmten Gefühle darüber bei so Vielen einen bestimmten Ausdruck zu leihen, hatte mich veranlaßt, diesen Vortrag im hiesigen Wissenschaftlichen Vereine zu halten. Verschiedene mir zugegangene Auffoderungen, denselben zu veröffentlichen, haben mir bewiesen, daß ich meinen Zweck wenigstens nicht gänzlich verfehlt habe. Sowol um diesen Auffoderungen zu genügen, als auch an Orten, wo meine literarischen Arbeiten über Kunst bisher einige Theilnahme gefunden, vielleicht im obigen Sinne wohlthätig einzuwirken, übergebe ich den Vortrag hiermit dem Drucke. Obgleich ich in demselben das vorgeschriebene Zeitmaß einer Stunde schon um etwas überschritten hatte, so war es

doch natürlich immer nicht möglich, in so kurzer Z
einen so umfassenden Gegenstand irgend erschöpfend
behandeln. Man wird mir vielleicht vorwerfen, daß
dies bei dem Druck, woselbst diese Schranke wegfä
nicht nachgeholt habe. Durch eine strengere wissenscha
liche Form, durch eine größere Ausführlichkeit würde
Aufsatz allerdings an sich gewonnen haben. Er dür
aber dadurch meines Erachtens minder geeignet geword
sein, auf die weitern Kreise von gebildeten Männern u
Frauen einzuwirken, welche an der Kunst ein allgemein
Interesse nehmen, ohne daraus ein eigentliches Studiu
zu machen, worauf er doch ursprünglich, als ein lebe
diger und anregender Vortrag, berechnet war. Für a
Solche, welche in Wesen und Wirkung der Kunst völl
eingeweiht sind, oder wenigstens es zu sein glauben,
er ohnehin weder gehalten noch geschrieben, und würi
er auch in erweiterter Gestalt überflüssig geblieben sei
Ich habe mich daher mit einigen Zusätzen begnügt, weld
ihn nur in seiner ursprünglichen Weise gleichmäßiger au
runden dürften.

Berlin, 30. Mai 1843.

Gewiß ist die in unsern Tagen immer mehr erwachende Liebe zu den bildenden Künsten eine der erfreulichen Seiten unserer Zeit. Es dürfte indeß wol die Frage sein, ob diese Kunstliebe sich der Gründe, worauf sie beruht, der Wirkungen, welche sie hervorbringt, immer deutlich bewußt ist. Ich erlaube mir daher, der hochverehrten Versammlung Einiges über die Stellung vorzutragen, welche der Baukunst, der Bildhauerei und der Malerei unter den Mitteln menschlicher Bildung zukommt. Inwiefern diese Künste, welche ich im Verfolge alle drei unter dem Namen der bildenden begreife, eine solche Stellung einst wirklich eingenommen, werden uns vor Allem die alten Griechen und die Italiener des Mittelalters lehren. Schließlich wird sich daraus die Stellung jener Künste in unsern Tagen, und was wir uns von ihnen versprechen dürfen, so gut wie von selbst ergeben.

Gleich der Dichtkunst und der Musik sind auch die bildenden Künste die Töchter der schöpferischen Kraft im Menschen, der Phantasie, welche bestimmt ist, uns die Schönheit in der einer jeden Kunst entsprechenden Form in unendlicher Mannichfaltigkeit zu offenbaren. Wie der Dichtkunst die Sprache, der Musik der Ton, so ist den bildenden Künsten der sinnliche, durch die Anschauung auffaßbare Stoff, als Ausdrucksmittel ge=

geben, sei es nun, daß er, wie bei der Architektur und Bildhauerei zugleich greifbar, oder, wie bei der Malerei, nur scheinbar ist.

Wie allgemein und wie ursprünglich diese Ausdrucksweise der Phantasie für die unmittelbare, sinnliche Anschauung dem Menschen innewohnt, zeigen die vielen kindischen Kunstversuche bei Völkern, welche auf einer sehr niedrigen Stufe der allgemeinen Cultur stehen. Die höchste Ausbildung derselben aber hat nur bei wenigen, selten begabten und von geographischen und historischen Verhältnissen vorzüglich begünstigten Völkern stattgefunden, deren Kunstdenkmäler daher auch als Geistesblüten, welche in so vielen Jahrtausenden nur an einigen Stellen unsers Planeten zur Entfaltung gekommen, von den Gebildeten aller Zeiten und Länder mit Begeisterung bewundert und angestaunt werden.

Wiewol der Mensch in allen oben angeführten Künsten als Schöpfer erscheint, so drängt sich doch das Product von keiner derselben im Vergleich mit der großen äußern Welt (dem Makrokosmos), so sehr als Welt im Kleinen (Mikrokosmos) auf, als dies bei den bildenden Künsten der Fall ist. Wie die Gottheit die Welt nach ewigen Gesetzen der höchsten Zweckmäßigkeit und Schönheit geordnet, welche so geordnete Welt die Griechen schön mit dem einzigen Worte „Kosmos‟, die Römer mit „Mundus‟ ausdrückten, so gestaltet sich der Mensch, in welchem der in ihn gelegte göttliche Keim zur Ausbildung gelangt ist, seine Umgebung nach ebenfalls ewigen, seinem Geiste innewohnenden Gesetzen der Schönheit und drückt ihr das Gepräge dieses seines Geistes auf. Da nun aber der Mensch ebenso gut ein Geschöpf der Natur ist wie alle andern auf der Erde, kann man die durch den menschlichen Geist vermittelten Erzeugnisse der bildenden Künste füglich Naturproducte in zweiter Potenz nennen, worin die Natur zum deutlichen Ausdruck des sich bewußt gewordenen Gesetzes der Schönheit gelangt ist.

Wie sich nun auf der großen Erde die Gebirge nach
Art des Gesteins und der Einwirkungen der Elemente bald
in erhabener Mächtigkeit und Schroffe, bald in sanften,
lieblichen Schwingungen erheben, so steigen in der kleinen
Welt, welche sich der Mensch erschafft, nach Art der
geistigen Anlage und der historischen Erlebnisse, bald him-
melanstrebende Pyramiden, bald schöne Tempel, oder hohe
Dome, und wieder majestätische Paläste und heitere Vil-
len empor. Die Gesetze der Regelmäßigkeit und Schönheit der Verhältnisse, welche in den gewaltigen Gebirgen
aus der Masse des derben Gesteins nur in den kleinen
Krystallen zum bestimmten Ausdruck und zu scharfer Form
gelangen, gestalten bei jenen Kunstgebirgen, welche der
Mensch hervorbringt, dagegen die ganze Masse und gewinnen sie für das Gebiet der Schönheit. Im oben-
berührten Sinne erscheinen diese als mächtige Krystallisa-
tionen der Natur in zweiter Potenz, welche dem Forscher
der Kunstgeschichte ebenso von Geist und Art ihrer Urhe-
ber, nachdem deren Staub schon vor Jahrtausenden ver-
weht ist, Zeugniß geben, wie der Naturforscher die Con-
chylien nach ihren Schalen bestimmt, aus denen das
leicht vergängliche Thier längst entwichen ist. Betrachten
wir daher die großartigen und schönen Ruinen, welche
uns Ägypten, Griechenland und Italien darbieten, so findet auf sie, was Schiller so erhaben schön allein in geistiger Beziehung von den Fürsten sagt, auch in physischem
Sinne seine volle Anwendung:

Völker verrauschen, Namen verklingen,
Finstre Vergessenheit breitet die dunkelnächtigen Schwingen
Über ganzen Geschlechtern aus.
Aber der Denkmale einsame Häupter
Ragen empor und Aurora berührt sie
Mit den ewigen Strahlen,
Als die stillredenden, traurenden Zeugen
Längst schon entschwundener edler Geschlechter.

Dieser Vergleich mit dem sich so natürlich darbie-
tenden Schluß stieg in mir auf, als ich, an des seligen

Schinkel Seite, die vom Frühroth beglänzten Tempel von Pästum in einsamer Öde vor mir liegen sah.

Wie aber dem mütterlichen Schoose der Erde die schöne Welt der Pflanzen entsprießt und sie mit tausendfachem Schmuck bekleidet, wie die mannichfaltigen Formen der Thiere und, vor Allem am bedeutendsten, der Mensch sie belebt, so sind auch in jener kleinen Welt, der Architektur, welche sich der Mensch schafft, die Künste der Sculptur und Malerei emsig bemüht, ein mannichfaltiges, eigenthümliches und geistig bedeutendes Leben der Schönheit zu gestalten.

Betrachten wir kürzlich, inwiefern sich diese Künste in den Mitteln, wodurch, und in den Gesetzen, wonach sie bilden, von der Architektur unterscheiden. Die Formen der Architektur sind in der Natur nicht vorgebildet, sondern allein das Ergebniß des Sinns für Harmonie und Schönheit der Verhältnisse im Ganzen und der Gliederung und Verzierung im Einzelnen, wie solches dem wahren Architekten, vermöge eines höhern, geistigen Gesetzes, ebenso innewohnt, wie die Biene vom Instinct getrieben ihre regelmäßig geformten Zellen baut. Bildhauer und Maler finden dagegen die Formen, womit sie sich aussprechen, schon in der Natur vor. Erscheinen sie hierdurch im Vergleich mit der Architektur nach einer Seite hin in einer größern Abhängigkeit von der Natur, so wird dies doch reichlich dadurch aufgewogen, daß die Architektur ursprünglich eine Tochter des Bedürfnisses ist und auch in ihren höchsten Schöpfungen diese ihre Mutter nie verleugnen, nie auf Unkosten der Zweckmäßigkeit schön sein darf, sondern vielmehr ihre Schönheit aus dem jedesmaligen Zwecke entwickeln muß, während Bildhauerei und Malerei sich dem schönen Ausdrucke von Ideen ganz unabhängig und frei hingeben können. Entspricht die Form, in welcher sich die Schönheit in der Architektur offenbart, in ihrem constructiven Theile der Schönheit der Natur, in ihrer unorganischen Erscheinung, wie sie uns in den

Gebirgen und besonders in den Kryställen entgegentritt, in ihrem ornamentalen Theile aber, worin sie zum Organischen erblüht, der Schönheit der Natur in der Vegetation, so entspricht die Form der Schönheit in Bildhauerei und Malerei der Schönheit der Natur in ihren höhern animalischen Gebilden, namentlich in ihrem höchsten Product, dem Menschen, in welchem allein der Geist der Natur zum vollen Bewußtsein und zum lebendigsten Ausdruck seiner selbst gekommen ist, Obgleich nun diese beiden Künste sich, wie schon bemerkt, dieser organischen Wesen, und vornehmlich des Menschen, als Vorbilder zum Ausdruck ihrer Ideen bedienen, so ist doch die Schönheit, welche sie mittels derselben zur Anschauung bringen, nicht minder eigenthümlich als die Schönheit der Architektur, und wesentlich von der Schönheit in den entsprechenden Naturerscheinungen verschieden.

Diese Behauptung möchte Manchem paradox vorkommen, namentlich allen Denen, welche noch an dem Gemeinplatz festhalten, daß das Wesen der Sculptur und Malerei in der Nachahmung der Natur bestehe. Unter allen Umständen sind dem wahren Künstler die Naturformen aber nur Mittel zum freien, bewußten und schönen Ausdruck in seiner Phantasie entstandener Ideen, als eigenthümlichem Zwecke der Kunst. Und zu diesen Naturformen gelangt der echte Künstler weder dadurch, daß er ein einzelnes Individuum in allen Theilen möglichst genau nachahmt, noch dadurch, daß er, von einem Modell diesen, von einem andern jenen Theil entlehnend, eine Art äußerer Zusammensetzung macht; sondern wie die Biene, von einem unwiderstehlichen Instinct getrieben, das Bedürfniß hat, Honig hervorzubringen und daher von den Blumen angezogen wird, welche ihr den Saft dazu hergeben, und sich in deren Innerstes gänzlich versenkt und wie berauscht, so wohnt dem bildenden Künstler, als eine Art höherer, geistiger Instinct, das sehnlichste Verlangen inne, in ihm aufsteigende Ideen auf eine schöne und bedeutende Weise mittels Naturformen auszudrücken. Um dieses Verlangen zu befriedigen, stürzt er sich daher mit Begeisterung in die Fülle der äußern Naturerscheinungen, erkennt mit scharfem Auge das Unendliche und Ewige, das geistig Bedeutende, Schöne und Anmuthige, sei es in Form, Bewegung oder Ausdruck, welches seinen Zwecken entspricht, und schwelgt und vertieft sich in diesen Anschauungen und Studien in seliger Lust. In seiner so befruchteten und gesättigten Phantasie gewinnen seine Ideen Gestalt, und er ist im Stande, ihnen den angemessenen Ausdruck zu geben. Wie aber der Honig der Biene nicht ein mechanisches Gemisch des Saftes verschiedenartiger Blumen, sondern ein ganz neues Product eines organischen Wesens ist, ebenso ist das Product des bildenden Künstlers etwas durchaus Anderes als ein mixtum compositum einzelner Naturerscheinungen, es ist das organische Geschöpf seiner Phantasie, welchem er ebenso das eigenthümliche Gepräge derselben aufgedrückt und ihm ein geistiges Leben eingehaucht hat, wie die Natur einem ihrer Geschöpfe das ihrige. Daß der bildende Künstler als Aushülfe seines Gedächtnisses sich vielfach einzelne Studien sogleich äußerlich firirt, bisweilen auch eine seiner Idee wunderbar entsprechende einzelne Erscheinung in der Natur vorfindet, endlich bei der Ausführung die Natur mehrfach zu Rathe zieht, ändert in der Weise der Conception wie des Resultats nichts. Bei dem Maler umfassen diese Naturstudien außer der Welt der Formen auch noch die der Farben, und spricht sich daher auch in der Art und Weise, wie er dieselben mehr oder minder harmonisch zusammenstellt, seine Eigenthümlichkeit so entschieden aus, daß darin bei manchen Malern mit der Hauptreiz ihrer Werke liegt. *)

---

*) Es mußte mir genügen, hier nach meiner Art kurz anzudeuten, was Schelling in seiner berühmten Abhandlung über das Verhältniß der bildenden Künste zur Natur ausführlich behandelt hat.

Dieses eigenartige Gepräge eines bestimm=
ten, schönen Geistes ist es aber, welches den höchsten
und geheimnißvollen Zauber eines Kunstwerks aus=
macht und es von den entsprechenden Schönheiten in der
Natur wesentlich unterscheidet. Je schöner, je bedeuten=
der ein solcher Geist ist, desto mehr wird sich dieser Zau=
ber steigern, woher z. B. ein Bild von Rafael etwas
ungleich Anziehenderes hat als von dem an sich sehr lie=
benswürdigen Meister Garofalo.

Daß derselbe Fall auch bei den Werken der Architektur
stattfindet, leidet keinen Zweifel, nur möchte sich hier
Manchem die Frage aufdrängen, auf welche Weise sich
die Eigenthümlichkeit des Architekten so deutlich ausspricht,
daß man ein Werk, als von ihm herrührend, erken=
nen kann.

Auf den ersten Blick sollte man glauben, daß, nach=
dem gewisse Formen und Maße, gewisse Verzierungen
einmal als die schönsten ermittelt sind, die Architekten
in der Wiederholung derselben sich ziemlich gleich sehen
müßten. Wie aber nach Geistes= und Lebensart der Völ=
ker, nach Klima und Baumaterial, in allen jenen Stücken
sich eine so große Verschiedenheit ausgebildet hat, als sie
z. B. in der griechischen und gothischen Architektur
hervortritt, so stellt sich auch innerhalb jener großen Mas=
sen eine unendliche Menge von feinern Modificationen
dar. Ja, jede neue Aufgabe fodert eine neue
Lösung und führt daher für den echten Archi=
tekten nothwendig eine neue Modification
mit sich. Seine Eigenthümlichkeit wird sich daher in
der bestimmten Art und Weise aussprechen, wie
er aus dem jedesmaligen Zweck und nach dem
Material des Gebäudes Schönheiten der Ver=
hältnisse wie der Ornamente entwickelt. Diese
Art und Weise aber hat ein so bestimmtes Gepräge, daß
man sie an den verschiedensten Aufgaben und bei dem
verschiedensten Material doch wieder erkennt, wie dies

z. B. für den Geübten bei zwei gleich vortrefflichen, in jenen Bezügen aber sehr voneinander abweichenden Gebäuden von Schinkel der Fall ist, dem Museum und der Bauschule.

Hat man für die Beurtheilung eines Bauwerks einmal diesen Standpunkt gewonnen, so erscheint die so oft gehörte Klage, daß unsere Architekten nichts Originelles hervorbringen könnten, weil es unserer Zeit an einer in ihr erfundenen, eigenthümlichen Bauart, gleich der griechischen oder gothischen fehle, keineswegs als gegründet. Allerdings nimmt der Architekt unserer Tage seinem Werke gegenüber als Erfinder eine andere Stelle ein, als ein Iktinos, einer der Baumeister des Parthenon, oder als ein Erwin von Steinbach, der Baumeister des strasburger Münsters, wiewol Beide nur wieder Hauptglieder in der Kette gleichartiger Reihen von Erfindungen sind, welche ihnen bereits vorausgegangen waren; dessenungeachtet ist aber bei ihm die Erfindungskraft keineswegs unthätig. Er befindet sich den, heute genauer als je zuvor, in allen ihren Feinheiten zur allgemeinen Kenntniß gelangten, schönen Baudenkmalen aller Völker und Zeiten gegenüber in einem Verhältnisse, welches einige Ähnlichkeit mit dem der Bildhauer und Maler zu den Gebilden der Natur hat. Es kommt nur darauf an, was er mit diesem unermeßlichen Apparat anzufangen weiß. Der geistreiche, originell schaffende Architekt gelangt dazu, sich das ihm nach einer innern Verwandtschaft seiner Natur Zusagende geistig anzueignen, und sich desselben mit derselben Freiheit zu seinen Zwecken zu bedienen, dem mittels desselben hervorgebrachten Werke, von dem allgemeinen Entwurfe, bis zu den kleinsten Ornamenten, dieselbe geistig=organische Eigenthümlichkeit seines Wesens aufzudrücken, wie der Bildhauer oder Maler es mit seinem Werke im Verhältniß zur Natur macht. Es findet hier im Vergleich zu jenen alten Architekten immer eine freie Reproduction statt. Ein solcher Architekt war Schinkel.

Den kalten, geistlosen Nachahmer und Eklektiker kann dagegen selbst die Benutzung, ja die genaue Wiedergabe der gepriesensten Muster nicht verbergen. Aus der Art, wie er auch nur ein noch so classisches Ornament anbringt, fühlt der Kunstverständige heraus, ob es dem Architekten lebendig an seiner Stelle herausgewachsen, oder, wie ein exotisches Gewächs, willkürlich und invita Minerva angeklebt ist.

Hängen nun schon Sculptur und Malerei nicht wie die Architektur theilweise vom Bedürfniß ab, so sind sie doch Kinder der Architektur und dürfen diese Abkunft ungestraft nie ganz vergessen. Wie es nämlich zum Wesen der Architektur gehört, gewisse Gesetze der Symmetrie festzuhalten, so müssen solche auch in den Werken der Bildhauerei und Malerei in der Anordnung, in der Vertheilung der Massen im Raum, wenn schon im Ganzen mehr verhüllt, im Einzelnen mit mehr Freiheit, beobachtet werden. Die meisterliche Wahrnehmung dieses Gesetzes gehört z. B. zu den größten Eigenschaften Rafael's. Man hat die Beobachtung desselben passend das räumliche Stilgefühl genannt.

Aber auch die Architektur erfährt wieder einen gewissen Einfluß von der Sculptur und Malerei. So thut sich bei ihr in den Zeiten ihrer höchsten Blüte das malerische Element in einer geschmackvollen, meist durch einen besondern, praktischen Zweck bedingten Unterbrechung der zu strengen Symmetrie kund, wie bei den mit dem Parthenon verbundenen kleinen Gebäuden des Pandrosions und des Erechtheums und so vielen gothischen Kirchen. Das plastische Element aber tritt bei der größern Ausbildung des ornamentalen Theils der Architektur, z. B. bei der Canelirung des Säulenstammes hervor, wodurch das Schwere und Plumpe der Masse gebrochen, und dieses Glied, welches ursprünglich als tragendes mehr constructiv ist, in ein zu gleicher Zeit in einem hohen Grade schmückendes verwandelt wird. Wie allen drei Künsten das Zeichnen als Element gemeinsam ist, so zeigt sich auch in jenen gegenseitigen Einflüssen eine enge Verwandt=schaft derselben und der bei dem Schaffen in jeder von ihnen thätigen Geistesart. Hieraus ist es zu erklären, daß manche Künstler sich in allen dreien hervorgethan, von denen ich hier nur den Michel Angelo Buonar=roti als das berühmteste Beispiel anführen will.

Allerdings aber hat jede dieser Künste wieder ihre be=sondern Stilgesetze, von deren strenger Beobachtung ein großer Theil des Werths ihrer Productionen abhängt. Vor Allem machen sich bei der Architektur und Bildhauerei gewisse Foderungen des Materials, deren sie sich bedienen, geltend. In der Architektur müssen die Gesetze der Sta=tik auf eine Weise beobachtet sein, daß die Gebäude auch dem äußern Sinn in allen Theilen als eine fest auf sich beruhende Masse erscheinen, und nicht, wie der schiefe Thurm von Pisa, den Eindruck machen, als ob sie Einen durch Umsturz erschlagen könnten. Nach der Verschieden=heit des Materials treten für Construction wie für Or=namentirung wieder verschiedene Bedingungen ein. An=ders sind diese, jenachdem der Architekt in Holz oder Stein und wieder, jenachdem er in großen Werkstücken oder in Backstein zu bauen hat. Wesentliche Stilgesetze sind außerdem für ihn, die Hauptlinien nicht zu unterbrechen, die constructiven und ornamentalen Glieder nicht auf eine Weise zu mischen, daß man nicht erkennen kann, welchem der beiden ein jedes angehört; endlich durch die Ornamente die Profile der Hauptglieder nicht zu durchschneiden.

Bei dem Bildhauer greifen die Stilgesetze des Ma=terials in sehr mannichfachen Modificationen ein. Er darf nie vergessen, daß der Stoff, worin er bildet, sich immer als eine schwere und derbe Masse darstellt, und muß mithin in Rundwerken wie der Architekt nicht ver=säumen, den Schwerpunkt auf eine Weise zu beobachten, welche auch den äußern Sinn nicht stört. Er soll daher zu lebhafte Bewegungen, wie die des Fliegens und Fal=

lens, vermeiden. Manche Gegenstände, bei deren treuer Nachahmung sich der Stoff zu sehr als solcher aufdrängt, wie z. B. Gewandfalten, Haarlocken, muß er mehr durch Vertiefungen und Einschnitte, als durch starke, immer plump und schwerfällig lassende Ausladungen ausdrücken und dadurch die Masse brechen und minder fühlbar machen. Andere Gegenstände, z. B. Bäume, welche er nicht im Einzelnen wiedergeben kann, darf er nur andeuten; noch andere endlich, welche in der Natur in gar zu großem Widerspruche mit seinem Material stehen, wie z. B. Wolken, muß er durchaus nicht darstellen. Ein schlagendes Beispiel hierfür gewährt die auf Wolken einherschwebende Statue der Hebe des Canova im hiesigen Museum. Bei erhabenen Arbeiten (Reliefen) darf er, um Verworrenheit und Unwahrheit zu vermeiden, nicht mehr als zwei Pläne gebrauchen, in welchen die in einem jeden derselben befindlichen Figuren einen gewissen allgemein dafür angenommenen Grad der Erhabenheit nicht überschreiten dürfen. Weite, landschaftliche Hintergründe sind vollends unstatthaft, weil ihm die Illusion der dem Maler zu Gebote stehenden Luftperspective fehlt und sich in allen Plänen dieselbe derbe Masse gleich sehr geltend macht. Anders stellen sich aber wieder manche dieser Bedingungen, nachdem das Material verschieden, z. B. Marmor, Bronze oder Holz ist. So würde z. B. die schöne bronzene Statue des fliegenden Mercur von Johann von Bologna in Marmor stilwidrig, ja unmöglich sein.

Wenn der Maler bei den ihm zu Gebote stehenden Mitteln der Linien und Luftperspective recht eigentlich darauf angewiesen ist, eine größere Zahl von Gegenständen in verschiedenen Plänen darzustellen, so hat er doch auch wieder die gefährliche Klippe der Überhäufung und Verworrenheit zu vermeiden. Um den jedesmal erstrebten Grad von Illusion zu erreichen, ist es ferner erfoderlich, daß derselbe in allen Theilen gleichmäßig durchgeführt sei. Obgleich in der Malerei die Stilfoderungen des Stof-

fes sich minder geltend machen als bei den andern bei=
den Künsten, so bestehen sie doch ebenfalls für gewisse
Theile, wie z. B. bei der Behandlung der Gewänder.
Wie es dem Bildhauer dabei darauf ankommt, die Masse
zu brechen, so dem Maler, auf der Fläche die Wirkung
von Massen hervorzubringen. Dies geschieht aber durch
möglichst geringe Unterbrechung der Lichtmassen in ihrer
allmäligen Abstufung. Um dies zu erreichen, haben die
Maler dafür entweder breite Faltenmassen gewählt und die
Angabe der kleinern Motive innerhalb derselben sehr ge=
mäßigt, oder die Stoffe so zart angenommen, daß die
Falten bei ihrer großen Feinheit die Lichtmasse nicht we=
sentlich stören. Die erstere Weise ist im Mittelalter, die
zweite bei den antiken Gemälden vorzugsweise in Anwen=
dung gekommen. *) Obwol es den Anschein hat, als ob
viele dieser Stilgesetze in den drei Künsten sich fast von
selbst verständen, lehrt die Kunstgeschichte leider, daß gegen
alle unzählige Mal gefehlt worden ist.

Obgleich die geistige Schönheit der Eigenthümlichkeit
des Künstlers, welche aus seinem Werke herausstrahlt,
den Beschauer am geheimnißvollsten und mächtigsten an=
zieht, nächstdem aber die Beobachtung der jeder Kunst
eigenthümlichen Stilgesetze von der entschiedensten Wirkung
ist, so macht sich dasselbe doch auch noch in andern Be=
ziehungen auf eine sehr bedeutende Weise geltend.

Zunächst kommt hier die Idee, welche uns der Künst=
ler zur Anschauung bringt, in Betrachtung. Da thut
sich nun eine unendliche Mannichfaltigkeit auf! Bald be=
ziehen sich diese Ideen auf das Höchste, wozu sich der
Mensch erheben kann: auf sein Verhältniß zur Gott=
heit, oder auf das schlechthin Ewige und Unvergäng=
liche, bald auf die Gesammtheiten der Menschen, worin
sie sich, als in höhern Individualitäten, hier schon auf

---

*) Ich bin in diesen Angaben über Stilgesetze meist den tref=
fenden Bemerkungen des Herrn von Rumohr im ersten Bande
seiner „Italienischen Forschungen" gefolgt.

Erden unsterblich fühlen, auf die Staaten und ihre
Geschichte. In diesen beiden Beziehungen findet die
bildende Kunst vorzugsweise ihre öffentliche, monu=
mentale Bedeutung, und in den Denkmalen der
Völker, welche zum freien und schönen Ausdruck in der
Kunst gelangt sind, spiegelt sich in der würdigsten Ver=
einigung und Durchdringung der eigenthümliche Geist ihrer
Kunst, ihrer Religion und ihres Staats. So tritt uns
in den Tempeln und den Sculpturen der Griechen die
jugendliche, sich genügende Frische und Naivetät der
Menschheit in einer Fülle von scharfumrissenen, auch for=
mell schönen Bildungen entgegen, während die Dome und
religiösen Gestalten des Mittelalters eine erhabene Strenge,
oft düstere, seltener heitere Feier, oder eine tiefe, ergrei=
fende Sehnsucht athmen. Es versteht sich, daß in diesen
beiden Kunstwelten tausende von Modificationen stattfin=
den, ich muß mich aber hier mit Andeutung der allge=
meinsten Grundzüge begnügen.

Der Sculptur und Malerei gewähren die Werke der
Dichter zunächst ein reiches Gebiet von Ideen, welche
ebenfalls meist in monumentaler Weise ausgebildet wer=
den. Auch hier ist es wiederum natürlich, daß die Künst=
ler anders von Homer, und wieder anders von Dante
begeistert werden und daß ihre Werke der Verschiedenartig=
keit dieser Begeisterung entsprechen.

Selbst ganz einfache und schlichte Naturmotive haben
bei den Griechen, wie bisweilen im Mittelalter und auch
in der neuesten Zeit, den Künstlern zu sehr anziehenden
Werken Veranlassung gegeben; solche sind z. B. der
Knabe, welcher sich den Dorn auszieht, eine berühmte,
antike, bronzene Statue, wovon eine antike Wiederholung
in Marmor im hiesigen Museum, das bekannte Gänse=
männlein von Peter Vischer auf dem Marktplatze von
Nürnberg, endlich die Statue der Psyche im Schlosse
Tegel, eins der vollendetsten Werke von Rauch.

Ich komme zunächst auf die Beziehungen des Privat=

lebens, als Gegenstand der Kunst.*) Obwol, wie so viele Bilder in Pompeji beweisen, den Alten keineswegs fremd, haben sie doch erst vom 16. und 17. Jahrhundert an eine vielseitige Ausbildung erhalten und machen sich bald durch einen gemüthlichen, bald durch einen rührenden, bald endlich durch einen humoristischen Inhalt geltend. Entsprechen die Sculpturen und Bilder von monumentalem Charakter dem Epos und dem Drama, so nehmen diese in den verschiedenen Gattungen der Conversations-, der Bauern-, der Jagd-, Schlacht- und Viehstücke, worin sie sich ausspalten, die Stelle des Idylls und der Novelle in ihren mannichfaltigsten Ausgestaltungen ein. Ich erinnere hier für die Conversationsstücke an so viele Bilder des David Wilkie, in der Voraussetzung, daß diese durch die meisterlichen Kupferstiche nach denselben der hochverehrten Versammlung am allgemeinsten bekannt sein möchten. Für die sonstigen Gattungen wird es genügen, hier der Bilder des Teniers, des Wouwerman und des Potter zu gedenken.

In allen obigen Beziehungen spielt der Mensch die Hauptrolle; die Landschaftsmalerei begründet sich dagegen auf den eigenthümlichen Eindruck, welchen die Natur auf den Menschen als ein zu ihr gehöriges und ihr daher innig verwandtes Wesen hervorbringt. Wiewol auch diese Richtung der Malerei den Alten nicht unbekannt gewesen, wie aus verschiedenen Bildern aus Pompeji erhellt, so hängt sie doch innig mit der Auffassungsweise zusammen, welche die christliche Kunst von der antiken unterscheidet, und hat daher ihre höchste Ausbildung in neuern Zeiten, nämlich im 17. Jahrhundert erhalten. Es dürften nun Manche glauben, daß der oben als irrig verworfene Satz: „Die Kunst sei eine Nachahmung der Natur", wenigstens hier seine Richtigkeit habe. Dies ist aber keineswegs der Fall. Vielmehr braucht auch hier der schöpferische Künstler nur gewisse Naturmotive, um seine

---

*) Das Fach des sogenannten „Genre".

eigenthümliche Gefühlsweise auszudrücken. So ist der Grundzug in dem Wesen des Claude Lorrain das Gefühl der erhabenen Schönheit der Linien und einer ewigen Heiterkeit und Klarheit, in der nur die weite Ferne eine leise Sehnsucht weckt; eine Vereinigung, wie die glücklichsten Gegenden Italiens sie in den begünstigtsten Momenten darbieten, und Homer sie so herrlich in der berühmten Stelle von den Inseln der Seligen schildert:

Dort lebt arbeitlos und behaglich der Mensch sein Leben;
Nie ist da Schnee, nie rauscht Platzregen da, nimmer auch Sturmwind;
Selbst Okeanos sendet des Wests hellwehende Hauche
Immer dahin, die Bewohner mit Frühlingsluft sanft kühlend.

Dagegen zeigt sich der berühmte Kaspar Poussin in seinen Landschaften bald als ein erhaben melancholisches, bald als ein höchst leidenschaftlich aufgeregtes, aber immer schönes Naturell.

Wer sich nicht zu einer solchen eigenthümlich poetischen Auffassung erheben kann, sondern nur die jedesmal vorliegende Natur geistlos copirt, wird daher auch zum Unterschiede Vedutenmaler genannt; womit indeß nicht gesagt sein soll, daß sich nicht auch hier ein eigenthümliches Gefühl aussprechen kann, ja aussprechen muß, wenn solche Ansichten ein höheres, künstlerisches Interesse erregen sollen. Indeß wird sich der geschickteste Maler dieser Gattung zu dem erfindenden Landschaftsmaler immer verhalten wie der bloße Portraitmaler zum Historienmaler. See- und Architekturmalerei sind Verzweigungen der Landschaftsmalerei. Die Landschaftsmalerei in jenem höhern Sinne entspricht der lyrischen Poesie vom erhabensten Hymnus bis zum leichtesten Liede.

Es bleibt mir noch übrig, von einer Äußerungsweise des künstlerischen Geistes zu sprechen, nämlich von der Portraitbildung. Wie groß auch der Unterschied der Art und des Aufwandes der künstlerischen Phantasie von der Bildung eines olympischen Zeus des Phidias,

einer Sixtinischen Madonna von Rafael, bis zu dem
blinden Fiedler von Wilkie, oder dem Heirathsantrag
auf Helgoland von Jordan sein mag, so ist doch von
einem bis zum andern, durch alle die dazwischen liegenden
Stufen, dieselbe erfindende Kraft thätig und macht das
eigenthümliche Naturell des Künstlers, welches sich darin
ausspricht, überall den Hauptreiz aus. Bei der Portrait=
bildung, wo doch der Künstler allein an die Wiedergabe
der einzelnen, ihm vorliegenden Naturerscheinung gewiesen
ist, möchte es dagegen auf den ersten Blick scheinen, als
ob hier die Thätigkeit der künstlerischen Phantasie aus=
geschlossen sein und an dieser Stelle doch endlich der Satz:
„Der Zweck der Kunst bestehe in der Nachahmung der
Natur"; seine volle Anwendung finden müsse. Und doch
ist dem selbst hier keineswegs also. Es macht sich viel=
mehr gerade hier die künstlerische Eigenthümlichkeit auf
eine überraschende Weise geltend. Oder worauf beruhte
sonst der unermeßliche Unterschied in der Wirkung ei=
nes Portraits von Rafael und eines von Denner?
Man wende mir nicht ein, dieser entstehe dadurch, daß
Denner in seinen so unsäglich ausgeführten Portraits fast
immer häßliche und runzlige alte Männer und Frauen,
Rafael dagegen meist schöne Leute gemalt habe. Im
Palast Pitti zu Florenz hängt von Rafael das Portrait des Cardinals Inghirami, eines häßlichen, dicken
und schielenden Prälaten, und doch übt dieses Bild eine
wunderbare Anziehungskraft aus. Worin liegt diese also
anders als in der eigenthümlich edeln Art der Auffassung,
vermöge welcher Rafael in seinem Vorbilde alles geistig
Bedeutende, oder das Ewige, was in jedem Menschen
liegt, geschaut und mit Unterdrückung des Zufälligen und
Geringen, welches ebenfalls jedem Menschen nothwendig
anklebt, vorzugsweise wiedergegeben hat? In diesem Sinne
malen die großen Maler, bilden die großen Bildhauer in
ihren Portraits ihr Vorbild nicht wie es ist, sondern
wie es sein soll, und bestreben sich darin, das Ideal

deſſelben, welches in jedem Menſchen vorhanden, aber in
der Erſcheinung mehr oder minder getrübt iſt, zu erkennen
und zur Anſchauung zu bringen. Man würde ſich indeß
ſehr irren, wenn man glaubte, daß dies auf Koſten der
Ähnlichkeit und Lebendigkeit geſchähe; dieſe treten vielmehr
gerade dadurch auf das ergreifendſte und geiſtigſte her=
vor. Ich erlaube mir hier nur an die Büſten von
zwei, einem großen Theile der hochverehrten Verſamm=
lung perſönlich bekannten Männern zu erinnern, an
die Büſte des ſeligen Schleiermacher von Rauch und
an die des Dichters Ludwig Tieck von ſeinem Bruder,
dem Bildhauer Friedrich Tieck. Beides ſind treffliche Bei=
ſpiele von jener Art von geiſtreicher, ideeller und doch
wahrer Auffaſſung.

Werfen wir nun einen Blick auf die Portraits von
Denner! Dieſer Künſtler hat ſich allein an das Wieder=
geben der äußerlichen Erſcheinung mit allen ihren klein=
ſten Zufälligkeiten gehalten und jedes Hautfältchen, jedes
Blutäderchen, jedes Schweißloch, jedes Härchen mit topo=
graphiſcher Gewiſſenhaftigkeit auf das natürlichſte aus=
gedrückt. Hier hätten wir alſo eine bis aufs äußerſte
getriebene Nachahmung der Natur. Jedem gebildeten
Auge erſcheinen ſeine Bilder aber ungeachtet ihrer unge=
meinen techniſchen Virtuoſität nicht blos geiſtlos, ſondern
widerlich. Die freie Kunſt grenzt in ihnen mit den Wachs=
figuren zuſammen, die etwas Grauenhaftes haben, weil
ſie lediglich auf eine täuſchende Nachahmung des organi=
ſchen Lebens ausgehen, ohne daß daſſelbe durch einen an=
dern Geiſt, nämlich den eigenthümlich ſchönen eines
Künſtlers erſetzt würde. Ein Jeder kann ſich hiervon durch
ein vortreffliches Portrait von Denner, welches das Mu=
ſeum beſitzt, ſelbſt überzeugen.

Sollte indeß die hohe Bedeutung der Eigenthümlich=
keit des Künſtlers bei dem Portrait noch irgend in Zwei=
fel gezogen werden, ſo iſt dieſelbe auf die evidenteſte Weiſe
durch die Portraits dargethan, welche gegenwärtig in ſo

großer Anzahl durch das Daguerreotyp hervorgebracht wer=
den.   Hier ist die Nachahmung getreuer als irgend eine
Künstlerhand sie geben kann, denn hier verfährt die Na=
tur nach ihren eigenen Gesetzen.   Selbst die gelungensten
solcher Portraits haben indeß etwas Nüchternes, Gleich=
gültiges und Kaltes, weil ihnen nämlich das Gepräge
der Auffassung eines bestimmten, künstlerischen Geistes
fehlt, welcher ihnen allein Wärme, Geist und ein höhe=
res Interesse einflößen kann.

Aus dem Gesagten erhellt von selbst, daß, wenn schöne
und geistreiche Persönlichkeiten sich mit der Auffassung
durch einen großen Künstler wie in einem Brennpunkte
vereinigen, Portraits solcher Art selbst den Kunstwerken
der höchsten, ideellen Aufgaben nicht nachzustehen brauchen,
wie denn auch ein Portrait, wie das der irrig sogenannten
„Belle ferronière‟ *) des Leonardo da Vinci zu Pa=
ris, oder das des Papstes Leo X. von Rafael im
Palast Pitti zu Florenz jedem historischen Bilde gleich
geachtet wird.

Es dürfte hier der schicklichste Ort sein, auch der
Malerei von Früchten, Blumen und sogenannten
Stilleben mit einigen Worten zu gedenken, indem es
sich dabei, wie bei dem Portrait, vorzugsweise um das
Wiedergeben der einzelnen Naturerscheinung handelt.   Al=
lerdings beruht bei Bildern dieser geringsten Gattung der
Reiz ungleich mehr als bei allen übrigen auf der Illu=
sion, welche eine möglichst getreue Nachahmung der Na=
tur hervorbringt.   Dessenungeachtet macht sich auch hier die
Eigenthümlichkeit des Künstlers sowol in dem Geschmack
der Anordnung als in der harmonischen Zusammenstel=
lung der Farben auf eine sehr bedeutende Weise geltend.

Haben die Kunstideen, welche sich auf Kirche, Staat
und Poesie beziehen, vorzugsweise eine öffentliche und mo=

---

*) Jetzt mit viel mehr Wahrscheinlichkeit für das Portrait der
Lucrezia Crivelli gehalten.

numentale Bedeutung, so sind die übrigen meist dazu be=
stimmt, das Privatleben auf eine schöne und bedeutende
Art zu schmücken.

Die Eigenthümlichkeit des Künstlers, die
Beobachtung der einer jeden Kunst zukommen=
den Stilgesetze und die Idee, oder der Gegenstand
des Kunstwerks, sind unstreitig die Eigenschaften, welche
vor Allem in demselben anziehen; aber auch die eigent=
liche Wissenschaft, als bei der Architektur die
strenge Beobachtung der Regeln der jedesmaligen Construc=
tion, bei der Sculptur und Malerei die auf gründ=
lichen anatomischen Studien beruhende Richtigkeit der Zeich=
nung, wozu bei der letztern noch die Beobachtung der Linien=
und Luftperspective kommt, hat an dem Eindruck, den
ein Kunstwerk auf den Beschauer macht, einen höchst be=
deutenden Antheil.   Dasselbe gilt endlich von dem rein
technischen Theil, von der Weise, wie der Architekt sein
Material scharf und genau zusammenfügt, wie der Bild=
hauer mit dem Meisel seinen harten Stoff kunstreich be=
zwingt und ihm gleichsam Leben einhaucht, wie der Ma=
ler durch die Führung des Pinsels und den Gebrauch
schöner und haltbarer Farben seine Kunstwelt hervor=
zaubert.

Ein in allen Theilen schönes und befriedi=
gendes Kunstwerk kann nur dann entstehen, wenn alle
diese Eigenschaften in einem hohen Grade vorhanden sind
und auf eine lebendige Weise zusammenwirken, sodaß
eine besonders schöne und bedeutende Eigenthümlichkeit des
Künstlers sich mit einem richtigen Stilgefühl, einem gün=
stigen Gegenstande und einer hohen Ausbildung der wis=
senschaftlichen und technischen Theile durchdringt.   Dies
ist indeß verhältnißmäßig nur selten der Fall.   Nach
Maßgabe aber, wie ein Kunstwerk die mehr oder minder
wesentlichen jener Eigenschaften besitzt, wird es immer
noch schön und ansprechend bleiben.   Der Aufdruck einer
schönen und naiven Eigenthümlichkeit des

Künstlers übt eine solche Gewalt aus, daß er selbst gegen die Stilgesetze verstoßen kann, wie dies z. B. in einem hohen Grade bei den nach malerischen Stilgesetzen componirten, weltberühmten Bronzethüren des Baptisteriums zu Florenz von Lorenzo Ghiberti der Fall ist, daß er auch dem ungünstigsten Gegenstande, z. B. der Marter des heiligen Erasmus, dem die Eingeweide aus dem Leibe gewunden werden, noch Reize zu verleihen vermag und sogar sehr erhebliche Mängel in den wissenschaftlichen und technischen Theilen sehr erträglich macht. Hierin liegt der Hauptgrund, weshalb so viele Werke früherer Kunstepochen gebildeten Künstlern und Kunstfreunden ungeachtet solcher Mängel oft eine so warme Bewunderung entlocken. Selbst der Aufdruck einer mehr oder minder verschrobenen, aber entschiedenen Persönlichkeit (eines Manieristen) verleiht dem Kunstwerke noch immer eine e n e r g i s c h e Wirkung, mag es nun anziehen, wie z. B. ein Bild des Salvator Rosa, oder abstoßen, wie ein Bild des Spranger. Ein Kunstwerk dagegen, welches ohne Gefühlsbegeisterung, wie ein Rechenexempel, lediglich aus der Beobachtung gewisser Regeln und Reflexionen entstanden ist, kann besten Falls ein Aggregat von sehr lobenswerthen Eigenschaften, es kann wohl angeordnet, richtig gezeichnet, mit vieler Bravour gemalt sein, aber als G a n z e s wird es den Beschauer, trotz des schönsten Gegenstandes, immer kalt und gleichgültig lassen, weil ihm die A l l e s d u r c h d r i n g e n d e S e e l e fehlt. Kunstwerke von solchen negativen Vollkommenheiten sind im 18. Jahrhundert in besonders großer Anzahl hervorgebracht worden.

Machwerke endlich, welche keine aller erwähnten Eigenschaften in einigem Grade besitzen — und leider sind deren zu allen Zeiten eine Unzahl hervorgebracht worden —, verdienen gar nicht den Namen von Kunstwerken und wirken verderblich auf Sinn, Geschmack und Geist. Die leider unmögliche Vertilgung dieser Fehlgeburten wäre eine große Wohlthat für das menschliche Geschlecht!

Ist aber bei einem Volke der Kunstsinn einmal lebendig geworden, so ruht er nicht eher, bis er nicht allein die Gebäude, von dem Palast bis zur Hütte, von außen und innen geschmückt, sondern auch ein jegliches Hausgeräth durch Form und Verzierung in das Gebiet des Schönen gezogen hat. Dadurch aber, daß Gegenstände des bloßen Bedürfnisses das Gepräge einer der höchsten Thätigkeiten des menschlichen Geistes, nämlich der erfinderischen, künstlerischen Phantasie tragen, erheben sich auch diese aus dem Gebiet der bloßen äußern Nützlichkeit in das des Seins um ihrer selbst willen und adeln auf diese Weise selbst das Bedürfniß.

Eine solche von dem Größten bis zum Kleinsten von den bildenden Künsten durchdrungene Umgebung übt nun auf den Menschen einen wunderbar veredelnden Einfluß aus. Sie gewährt die stumme, langsam, aber sicher und mächtig wirkende Erziehung durch die Schönheit. Wem es auf längere Zeit vergönnt gewesen ist, in solcher Umgebung zu leben, dem wird sie so sehr zum geistigen Bedürfniß, daß ihm da, wo sie ganz fehlt, nicht anders zu Muthe ist wie dem Freunde der Natur, wenn er aus Sorrent, oder Salzburg, wo sie das reichste und schönste Leben athmet, in die Lüneburger Haide versetzt würde, wo sie sich in einförmiger Dürre und todter Erstarrung vor ihm ausbreitet. Erst ein Solcher versteht ganz den tiefen Sinn der Zeilen:

Kennst du das Haus, auf Säulen ruht sein Dach,
Es glänzt der Saal, es schimmert das Gemach
Und Marmorbilder stehn und sehn mich an.

worin die Sehnsucht eines jugendlichen Gemüths nach einer kunsterfüllten Heimat so herrlich anklingt.

Aber auch in anderer Beziehung ist die bildende Kunst von hoher, sittlicher Bedeutung. Die dem Menschen nun einmal eigene Welt der Sinnlichkeit, welche so Viele in den Schlamm thierischer Gemeinheit hinabzieht, welche ganz zu verleugnen aber immer nur sehr

**

Wenigen gelingt, wird durch die Kunst veredelt und gereinigt, indem sie dieselbe zum Ausdruck der Schönheit und oft rein geistiger Beziehungen verwendet. So bewahrt nichts mehr gegen die so häufige, falsche Pruderie, welche an der Darstellung des Nackten Anstoß nimmt; als die frühe Bekanntschaft mit echten Kunstwerken, wo dasselbe, im reinen und keuschen Dienst der Schönheit, geringere Beziehungen in der Phantasie gar nicht aufkommen läßt, und so die wahre Unschuld bewahrt. In diesem Sinne malte Michel Angelo in der Sixtinischen Kapelle den Adam, welcher, am Boden ruhend, von dem Finger Gottes berührt wird; die Eva, wie sie, neuerschaffen, vor ihrem Schöpfer kniet, in der Unschuld, wie sie aus seiner Hand hervorgegangen sind. In diesem Sinne sind auch die herrlichen Compositionen von Schinkel gedacht, welche, in Fresco ausgeführt, die Halle des Museums schmücken werden. Wenn aber selbst eine Venus von Tizian in dem Beschauer andere Empfindungen als die reine Bewunderung der Schönheit als einer göttlichen Eigenschaft erweckt, so ist die Schuld hiervon nicht dem Künstler, sondern der sittlichen Verderbniß des Gefühls im Beschauer beizumessen.*) Ich bin indeß weit entfernt, behaupten zu wollen, daß die Kunst nicht ihre edlere Natur verleugnen und einer niedrigen Sinnlichkeit dienen kann und vielfach gedient hat. Der Misbrauch einer an sich guten Sache beweist aber nichts gegen dieselbe; denn womit wäre wol je ein größerer Misbrauch getrieben worden, als mit dem höchsten Gute der Menschheit, der Religion? Wem aber könnte es einfallen, deshalb an ihrem göttlichen Ursprunge zu zweifeln, oder sie gar verwerfen zu wollen?

Andere Leidenschaften, denen der Mensch sich nur gar zu leicht rücksichtslos überläßt, z. B. der Schmerz, werden

---

*) Es sei mir erlaubt, in dieser Beziehung auf einen trefflichen Aufsatz von Goethe: „Der Sammler und die Seinigen", aufmerksam zu machen.

durch die Weise, womit die Kunst sie durch die Schönheit des Gefühls verklärt, gelindert und harmonisch aufgelöst. So will ich bekennen, daß der Anblick der Mutter Niobe, der Grablegung in Borghese von Rafael, mir in schmerzlichen Lebensvorgängen wunderbar trostreich geworden sind. Einen verwandten Eindruck macht der von zwei Engeln betrauerte Christus von Mantegna im hiesigen Museum, besonders in dem emporblickenden Engel.

Ich berühre jetzt einen andern wichtigen Einfluß der bildenden Kunst, die Schärfung und Verfeinerung des Sinns für die verschiedenartigsten Schönheiten in der Natur. Da jeder große Künstler dieselbe auf eine bedeutende, aber doch nur ihm eigenthümliche Weise aufgefaßt hat, sieht sich der aufmerksame Beschauer von Kunstwerken allmälig in die verschiedenen Weisen derselben hinein, sodaß ihm erst die geistige Bedeutung der Gesichtsformen, der Mienen und der Geberden in der Natur in ihrer unendlichen Mannichfaltigkeit aufgeht und er z. B. gewahr wird, wie sich bisweilen in einem, in den Formen häßlichen, Gesichte, wie dem des Sokrates eine höhere, geistige Schönheit ausspricht, während ein, formell schönes Gesicht gelegentlich wieder moralische Verderbtheit und Häßlichkeit des Geistes verräth und ihm der Ausdruck, oder die Anmuth keiner Wendung und Bewegung entgeht. Ebenso erhält die landschaftliche Natur tausend neue Reize. Faßt das Auge in einer Gegend wie die von Neapel mit Claude Lorrain jede neue Verschiebung der Linien bei der Änderung des Standpunkts und die zartesten Abstufungen der Töne auf, so erfreut es sich auch in unserer Mark mit Ruysdael über eine schöne Baumgruppe, über das mannichfache Spiel der Wolkenschatten und der Sonnenblicke auf den weiten Flächen von Wiesen und Feldern und entdeckt selbst in den gewöhnlichen Kräutern zu seinen Füßen eine Menge von Schönheiten.

Betrachten wir nun die besondere Weise, wie die

**2

bildenden Künste in dem oben angegebenen Kreise von Ideen, worin sie sich bewegen, auf den Menschen wirken, so unterscheiden sie sich von allen andern Arten der geistigen Mittheilung durch die Gewalt des unmittelbaren, augenblicklichen und zugleich dauernden, sinnlichen Eindrucks, womit sie uns die verschiedensten Leidenschaften und Zustände von dem höchsten sittlichen Wollen und der innersten Heiligung bis zur tiefsten Verworfenheit und gänzlichen geistigen Entartung in den mannichfachsten Gestalten vor Augen stellen, sowie durch die allgemeine Verständlichkeit in den Mitteln ihres Ausdrucks, vermöge deren sie nicht allein dem ganzen Volke, wo sie entstanden, sondern allen Menschen, sie mögen eine Sprache reden, welche sie wollen, deutlich sind. So würde der Chinese so gut wie der Irokese bei dem Anblick von Rafael's Madonna aus dem Hause Colonna im hiesigen Museum den allgemein menschlichen Inhalt des Bildes erkennen, daß hier nämlich eine Mutter und ihr Kind dargestellt sind, welche sich innig aneinander freuen.

Gewiß erfüllt nichts die Seele so lebendig mit heiligen Schauern, läßt die Gegenwart Gottes in dem Maße ahnen, stimmt den Geist so zur Erhebung zu ihm, als eine würdige Kirche, wie z. B. der kölner Dom. Ebenso wird die Vorstellung irdischer Majestät auf keine Weise so schlagend und allgemein erweckt, als durch einen Palast, der, wie er durch Größe und Adel der Verhältnisse die Wohnungen der andern Menschen überragt, so sich durch Bedeutung, Feinheit und Reichthum des Kunstgeschmacks im Innern von ihnen unterscheidet.

Bestimmte und würdige Vorstellungen der Gottheit oder heiliger Personen werden im Geist am sichersten und dauerndsten durch Werke großer Künstler erzeugt. So trat den Griechen ihr Zeus durch die berühmte Statue des Phidias zu Olympia in seiner ganzen, schönen Majestät und Milde entgegen, so den Katholiken die Maria, als Himmelskönigin, in hinreißender Schönheit und Begeisterung in Rafael's Sixtinischer Madonna zu Dresden.

Aber auch in protestantischen Ländern würde unfehlbar noch jetzt die Verbreitung würdiger Darstellungen aus der heiligen Schrift, sei es durch Sculpturen und Gemälde in den Kirchen, oder auch nur durch Kupferstiche im Privatleben, ungemein zur Belebung und Veredlung des religiösen Sinns beitragen. Wenigstens habe ich an mir erfahren, wie durch die sehr frühe Bekanntschaft mit der sogenannten Bibel von Rafael, den Propheten des Michel Angelo in der Sixtinischen Kapelle und den Rafael'schen Cartons, mittels der besten Kupferstiche, mir die patriarchalischen Vorgänge des Alten Testaments, die erhabene Begeisterung der Propheten und die Glaubensgröße der Apostel für das ganze Leben in der würdigsten und schönsten Gestalt eingeprägt worden ist.

Das Andenken der Männer und Thaten, in denen sich ein Volk am lebhaftesten und freudigsten als ein großes Ganze fühlt, wird aber unstreitig durch nichts auf eine so schöne, eindringliche und allgemeine Weise lebendig und gegenwärtig erhalten und dadurch zu rühmlicher Nacheiferung aufgefodert, als durch die Denkmale der bildenden Kunst. Ebenso werden die Gestalten der Dichter dadurch erst zu völlig bestimmten, äußerlich scharf begrenzten Wesen. Wie mußten z. B. die Griechen ihren Homer lesen, welchen alle Gestalten, die er uns vorüberführt, in den Gebilden ihrer trefflichsten Künstler vorschwebten!

Jene Werke, welche uns, wie der erwähnte Dornzieher, nur einfache Naturmotive vorführen, beweisen vielleicht die Macht der Kunst am glänzendsten, indem hier Vorgänge, an denen wir in der Wirklichkeit in der Regel fast unbemerkt vorübergehen, durch die kunstgemäße Auffassung, die liebevolle Durchbildung, einen wunderbaren Reiz ausüben.

Die Darstellung jener mehr dramatischen Vorgänge

des gewöhnlichen Lebens zieht uns durch den Geschmack und die großen Lebendigkeit an, womit sie uns die Mannichfaltigkeit der geistigen Beziehungen und das Malerische und Zierliche desselben vorführt.

Die Landschaften, welche uns schöne, aber leider in der Natur schnell vorübergehende Momente für immer festhalten, rufen die eigenthümliche Gemüthsstimmung, welche jene in uns erregen, ungleich schlagender und unmittelbarer hervor, als die schönste Beschreibung des größten Dichters es vermag.

An den Bildnissen endlich, jenen rührenden Denkmalen der Familienpietät, welche die geliebten Züge der Angehörigen über die schnelle Veränderlichkeit der Zeit und die Vergänglichkeit des Grabes hinüberretten, knüpfen sich tausende von großen und kleinen Erinnerungen auf eine lebendigere Weise, als dies sonst irgendwie geschehen könnte. Betreffen sie aber hervorragende Persönlichkeiten, so gewinnen sie eine hohe und allgemeine Bedeutung. Denn was ist die genaueste Beschreibung von dem Aussehen eines großen Mannes, welche uns die Historiker mit Recht geben, gegen die unmittelbare Anschauung, wie sie uns der Pinsel eines Holbein, Tizian oder van Dyck, ja selbst eines jeden geschickten Künstlers gewährt?

Erhellt nun aus allem Gesagten, wie mannichfaltig und bedeutend die bildenden Künste in die Bildung des menschlichen Geschlechts eingreifen, sodaß selbst der übrigens gebildetste Geist, welcher sich ihnen verschließt, nothwendig in eine gewisse Einseitigkeit verfällt, so gewähren sie meiner Überzeugung nach unter allen Künsten das wirksamste Mittel, um mittels der Schönheit wahre Bildung auch unter den untern, ja geringsten Classen der menschlichen Gesellschaft zu verbreiten. Wahre Bildung aber entsteht in jedem Geistesgebiet nur durch den vertrautesten, unmittelbaren Umgang mit den edelsten Geistern des menschlichen Geschlechts, oder den Erzeugnissen von solchen. Wer nicht aus dieser Quelle schöpft, wird nichts als einen äußern Schein von Bildung erlangen. Das treffliche Sprüchwort: „Sage mir, mit wem du umgehst, ich will dir sagen, wer du bist", ist auch in diesem Sinne höchst wahr. Die Werke der großen Dichter, eines Homer, Sophokles, Dante, Shakspeare, Goethe, die der großen Musiker, eines Sebastian Bach, Händel, Gluck oder Mozart sind nun aber, wie einiges Nachdenken lehrt, jenen untern Classen theils gar nicht zugänglich, theils aus Mangel an Vorbildung, welche zu erlangen ihre Lebenslage nie zuläßt, nicht verständlich. Beides ist aber mit den Werken der bildenden Kunst aus den soeben erörterten Ursachen der Fall und dadurch der unmittelbare und allein fruchtbringende Verkehr mit den Werken ursprünglicher, schöner und edler Geister vermittelt, deren eigenthümliches Gepräge, wie wir uns erinnern, ja das eigentlichste und innerste Wesen eines Kunstwerks ausmacht. Vielleicht dürften sich wenige der hochverehrten Versammlung, welcher die oben erwähnten und so unzählige andere geistige Schätze täglich zu Gebote stehen, eine Vorstellung von der Armuth an schönen, geistigen Genüssen bei der Mehrzahl in jenen untern Classen machen können, wie ich dies, als Freiwilliger in den Jahren 1813 und 1814, mit lebhaftem Mitgefühl zu beobachten vielfach Gelegenheit gehabt habe und dadurch zum Nachdenken über diesen Gegenstand veranlaßt worden bin. Die hohe Wichtigkeit öffentlich aufgestellter Kunstwerke und für Jedermann zugänglicher Kunstsammlungen ist demnach auch als ästhetisches Bildungsmittel für jene Classen der Gesellschaft einleuchtend.

Werfen wir nun einen Blick auf Griechenland und Italien, um zu sehen, inwiefern die bildenden Künste die ihnen in unserer bisherigen Betrachtung vindicirte Stellung unter den Mitteln menschlicher Bildung wirklich eingenommen haben.

Nie und nirgend hat dies in so umfassendem Maße,

serer Zeitrechnung bereiste, sodaß die Stadt schon verschiedene schwere Plünderungen von Kunstwerken durch die
Römer, besonders durch Sulla und Nero, erfahren hatte,
noch gegen 300 Bildsälen, welche er einer namentlichen
Erwähnung für würdig erachtet, außerdem aber, ganze
Massen, die er, ohne Angabe der Zahl, nur andeutet.
Unter der Welt von Götter= und Menschenbildern, welche
den Beschauer auf der Akropolis umfing, befanden sich
die drei berühmten Statuen der Pallas von Phidias,
die der Athene Polias, ein Koloß von einer Größe, daß
ihr Helmbusch schon vom sunischen Vorgebirge dem Schif-
fer entgegenstrahlte, die, welche vorzugsweise den Namen
der schönen führte, beide in Erz, und die vor allen
gepriesene Tempelstatue des Parthenon, die Jungfrau
(Parthenos) genannt, ein 40 Fuß hoher Koloß von Gold
und Elfenbein. In Delphi sah man schon aus der Ferne
ganze Scharen von Statuen der Sieger in den Kampf-
spielen, mehre auf Quadrigen erhöht, und Nero fand,
nachdem Brand und Raub hier schon öfter die Zahl ver-
ringert, noch 500 eherne Statuen, welche er der Entfüh-
rung werth hielt. Dennoch ließ auch er noch mehre Hun-
dert zurück, welche Pausanias ausdrücklich namhaft macht.
In Olympia reihten sich um den großen Centralpunkt,
den berühmten Koloß des Zeus von Phidias, aus Gold
und Elfenbein, nicht allein viele andere Statuen des
Zeus, unter denen noch fünf Kolosse, deren größter 27,
der kleinste 12 Fuß maß, sondern auch, theilweise ebenfalls kolossale, Statuen anderer Gottheiten, Werke be-
rühmter Künstler. Die Zahl der Statuen von Sie-
gern in den Spielen aber muß in die Tausende gegangen
sein, von denen Pausanis nur zweihundert und etliche drei-
ßig als die merkwürdigsten hervorhebt. Fast noch auffal-
lender aber ist der Reichthum von Statuen, den die
kleine, aber durch den Handel reiche Insel Rhodus be-
saß. Plinius gibt die Zahl der Statuen dort auf 3000
an, unter denen sich, außer dem weltberühmten Koloß,

einer Statue des Sonnengottes (Helios), noch 1[0]
dere Kolosse befanden, jeder wichtig genug, um je[d]
Ort, wohin er gestellt würde, berühmt zu machen. [S]
auch andere Inseln an der Küste von Kleinasien,
Samos und Kos, besaßen eine Fülle von Kunstwer[ken]
Dasselbe galt von den großen Städten des Festland[es]
wie Ephesus, Milet und Smyrna. Selbst in Gege[n]
wie Ätolien, wo die Künste nie sonderlich begünstigt [wur]
den, befanden sich so viele Statuen, daß die Macedo[nier]
bei ihrem Rachekriege gegen die Ätoler, zu Thermon, [der]
Hauptstadt des Landes, deren mehr als 2000 zertrü[m]
mern konnten. *)

Die Überreste dieser Kunstwelt, welche die Jahr[tau]
sende und die Barbarei der Menschen überdauert hab[en]
sind im Verhältniß zu jenem einstmaligen Reicht[hum]
äußerst dürftig. Von den Ruinen und Sculpturen, we[lche]
wir besitzen, werden nur sehr wenige von den Alten [er]
wähnt. Glücklicherweise befinden sich unter diesen [auch]
von den alten Schriftstellern so hochgepriesenen Propylä[en]
und der Tempel der Pallas, Parthenon genannt, a[uf]
der Burg (Akropolis) von Athen, sowie ein Theil d[er]
Sculpturen, welche jenen Tempel geschmückt haben. Di[ese]
und verschiedene andere Denkmale aber lehren, daß d[ie]
Griechen in diesen Künsten ganz die Höhe erreicht habe[n]
welche wir im Epos beim Homer, im Drama dei[m]
Sophokles bewundern.

Eine unmittelbare Anschauung, in welchem Maße d[ie]
bildenden Künste das Privatleben bei den Alten verher[r]
lichten, ist uns, wunderbar genug, gerade durch ein N[a]
turereigniß der furchtbarsten und zerstörendsten Art, dur[ch]
den Ausbruch des Vesuv unter Kaiser Titus, erhalte[n]
worden. Die Fülle von heitern und schönen Erfindung[en]
der Malereien, welche die Wände der kleinen Zimm[er]
selbst geringer Häuser der mäßigen Stadt Pompeji schmücke[n]
ist erstaunungswürdig, und läßt von der Höhe, wel[che]
auch die Malerei in ihrer glücklichsten Zeit, von P[...]

lygnot, dem Maler des Untergangs von Troja, bis
Apelles, dem Lieblingsmaler Alexander's des Großen,
in Mittelpunkten des griechischen Lebens, wie Athen,
oder Korinth, erreicht haben muß, den vortheilhaftesten
Schluß machen. In ansehnlichern Häusern gesellten sich
hierzu noch die zierlichen, öfter, wie bei der bekannten
Schlacht des Alexander und Darius, sehr kunstreichen,
musivischen Gemälde der Fußböden. *) Eine nicht ge=
ringere Vorstellung von der Schönheit, welche das Leben
der antiken Welt bis in dessen feinstes Geäder durchdrang,
erweckt die Unzahl von kleinen Sculpturen und dem man=
nichfachen Hausgeräth, welche in Pompeji und Hercula=
num gefunden; jetzt, gleich der Mehrzahl jener Malereien,
eine Reihe von Räumen im Museo borbonico zu Nea=
pel anfüllen, deren aber auch das hiesige Museum eine
schöne Auswahl besitzt. Gefäße verschiedenster Art, Drei=
füße, Candelaber, Lampen, Toiletten, Frauenschmuck und
so viele andere Gegenstände, in Gold, in Silber, in
Bronze, wie in gebrannter Erde, zeigen eine Verbin=
dung der vielfältigsten und schönsten Erfindungen und
Verzierungen mit der größten Zweckmäßigkeit, eine Treff=
lichkeit der Arbeit, welche die lebhafteste Bewunderung
hervorrufen und diese Gegenstände zu ewigen Mustern
eines schönen und reinen Geschmacks machen. Ich erin=
nere hier nur an die kleinen silbernen Gefäße mit den
Centauren, welche hier in Berlin in mehren Abgüssen
vorhanden sind. Dieselbe hohe Ausbildung der Kunst be=
weisen für alle Gegenden, wohin griechische Bildung ge=
drungen, die Münzen, welche von einer Schönheit sind,
wie kein anderes Volk der Erde sie aufweisen kann. Ich
erwähne hier nur des Kopfes der Nymphe Arethusa
auf den größten Münzen von Syrakus, welcher von
der wunderbarsten Reinheit und Feinheit der Form ist.

---

*) Das Werk, welches Professor Zahn über diese Malereien in
Berlin herausgibt, ist wohl geeignet, eine Anschauung von denselben
zu gewinnen.

Ein Ähnliches gilt endlich auch von den geschnittenen Steinen, deren unser Museum für vertieft geschnittene eine der kostbarsten und zahlreichsten Sammlungen besitzt.

Hatte aber die Kunst mit ihrem so bedeutungsvollen Schmuck das Leben der Menschen in seinen verschiedenen Beziehungen verschönt, so verschönte sie, mit ihm in das nächtliche Dunkel der Erde hinabsteigend, in gleicher Weise auch sein Grab mit Sculpturen und mit Malereien, an den Wänden, wie auf den zierlich geformten, dem Todten mitgegebenen Vasen, von denen das Museum eine der reichsten Sammlungen aufzuweisen hat, und bezeichnete endlich diese seine Ruhestätte für die kommenden Geschlechter mit einem Denkmale. Hierfür legt die bekannte Gräberstraße in Pompeji ein rühmliches Zeugniß ab, und in welcher Ausdehnung im eigentlichen Griechenlande dieselbe Sitte herrschte, beweisen die vielen, höchst einfachen, aber doch immer mit einem Relief gezierten Grabsteine, welche man dort aufgefunden und deren auch das hiesige Museum verschiedene, zum Theil erst ganz neuerdings erworbene, besitzt.

Daß unter solchen Umständen die bildenden Künste ihre wohlthätigen Einflüsse in allen von mir oben angedeuteten Beziehungen im reichsten Maße ausübten, bedarf wol kaum der Versicherung. Die Griechen erreichten dadurch eine Harmonie der geistigen Bildung, von welcher es schwer hält, bei der einseitigen Reflexionsbildung unserer Tage eine deutliche Vorstellung zu gewinnen. Ich mache hier nur auf die Wechselwirkung zwischen der Poesie und den bildenden Künsten aufmerksam, durch welche beide sich in ihren Erzeugnissen nothwendig immer steigern mußten. Selbst die schöne, kunstreiche Form, in welcher bei den Griechen Philosophie, Redekunst und Geschichte erscheinen, hängt mit dieser hohen Ausbildung und allgemeinen Verbreitung der bildenden Künste innig zusammen, ja, ist zum Theil das Ergebniß derselben.

Nachdem die bildenden Künste zugleich mit den Grie

chen in den Dienst der weltbeherrschenden, aber im Ver=
hältniß zu den Griechen immer halbbarbarischen Römer
gerathen, und in diesem, im Besitz unermeßlicher Mittel,
in einer Unzahl von zum Theil kolossalen Denkmalen der
allgewaltigen politischen Größe und Würde und dem über=
mäßigen Luxus dieses Volks, wennschon auf eine ihrer
edeln griechischen Abkunft würdige Weise gefröhnt hat=
ten, erlebten sie noch in den ältesten Denkmalen christ=
licher Kunst, worin sie die Grundzüge derselben, eine er=
habene Feier und sittliche Strenge, angaben, durch den
Impuls dieses neuen Begeisterungsmoments eine schöne
Abendröthe. Darauf fristeten sie durch die lange Epoche
einer tausendjährigen Barbarei ein kümmerliches Leben,
bis sie im Mittelalter zum zweiten Male unter dem Pa=
nier des Christenthums der Gegenstand einer allgemeinen
Begeisterung wurden. Obgleich diese außer Italien auch
andere Länder Europas, am lebhaftesten die Niederlande,
Deutschland und Frankreich ergriffen, ja in diesen allein
in der gothischen Bauart eine durchaus eigenthüm=
liche und bewunderungswürdige Form der Architektur ent=
wickelt hatte, sind doch Sculptur und Malerei nirgend
zu so vollendeter, großartiger und schöner Blüte gelangt
als in Italien, und bietet kein anderes Land noch
heute in so vielen und großartigen Beispielen die volle,
lebendige Anschauung dieser Kunstblüte dar.

Wenn aber die Architektur daselbst an Eigenthümlich=
keit der Erfindung den genannten Ländern und auch den
Denkmalen gothischer Baukunst in England und Spa=
nien allerdings weit nachstehen muß, so entwickelte sie doch
im 15. und 16. Jahrhundert nach den Vorbildern der
altrömischen Denkmale auf eine freie und geistreiche Weise
nach den verschiedenen Zwecken selbständige und schöne
Formen, und ist der Umstand wohl zu bedenken, daß sie
sowol in diesen, als schon in der minder in die Höhe
strebenden Art der gothischen Bauart, wie sich dieselbe im
14. Jahrhundert in Italien meist ausgestaltete, der Sculp=

tur und Malerei an den weniger hohen Giebeln und
Strebepfeilern des Äußern, an den geräumigen, meist
halbkreisförmigen oder doch wenig spitzen Wandflächen
und mäßig hohen Gewölben des Innern, einen ungleich
weitern und passendern Spielraum zu monumentaler und
stilgemäßer Entwickelung gewährte und dadurch eine solche
ungleich mehr förderte, als dies bei der gothischen Bauart in ihrer strengern und an sich weit schönern Form der
Fall ist.

Schon vom 13. Jahrhundert an sehen wir in dem,
in viele größere und kleinere Staaten getheilten Italien
Fürsten und Freistaaten, Geistliche und Weltliche von der
Begeisterung für die bildenden Künste erfüllt, dieselben im
rühmlichsten Wetteifer in den meisten der oben erwähnten
Beziehungen ausbilden. Wie die Verherrlichung der Kirche
indeß allen andern vorausging, behauptete sie auch immer
diesen Vorrang. Auch hier spielten diese Künste, wie
einst bei den Griechen, als Mittel der Erziehung und
Belehrung eine sehr bedeutende Rolle. Im Gefolge der
Sculptur und Malerei bildeten sich dort auch deren Verzweigungen, die Goldschmiede-, die Stempel- und Stein-
schneidekunst, die Miniatur- und Schmelzmalerei, das
Niello, die Malerei in gestickten und gewebten Stoffen,
endlich die Holzschneide- und Kupferstecherkunst früher oder
später aus. Letztere beide verbreiteten durch Vervielfältigung
eine beträchtliche Anzahl schöner Kunstideen in großer All-
gemeinheit.

Von den verschiedenen größern Mittelpunkten, Venedig, Pisa, Siena, Florenz, in welchen die Kunst in
fröhlichem Gedeihen emporblühte, erlauben Zeit und Zweck
dieses Vortrags, nur einen etwas näher zu betrachten.
Ich wähle hierzu Venedig.

Venedig ist unstreitig das eigenthümlichste und groß-
artigste Denkmal des Mittelalters. Erscheint es schon
in der Ferne mit seinen vielen Thürmen und Kuppeln,
aus der Meeresfläche hervorragend, fast märchenhaft, so

steigert sich der Eindruck des Wunderbaren noch in der
Nähe, wenn man in den Canale grande, die Hauptstraße
Venedigs und unbedingt die schönste, welche es gibt,
hineinschifft und diese Welt von Kirchen und Palästen
erblickt, welche zu beiden Seiten in den mannichfaltigsten
Formen aus dem Wasser emporsteigen.   Romanische, ara-
bische, gothische Architektur wechselt hier mit den nach der
altrömischen Baukunst frei entwickelten Formen von den
Lombardi, dem Sansovino, dem Palladio, im bunten,
malerischen Gemisch und vergegenwärtigt uns ebenso viele
Epochen der langen Blüte der Republik.   Dabei ist die
Verzierung an den meisten dieser Gebäude so reich und
so geschmackvoll, das Material, Marmor, oder der harte
Kalkstein von Istrien, so gediegen, daß man in einer
Stadt von Fürsten zu sein glaubt.   Dennoch erreicht der
Eindruck erst seinen höchsten Grad, wenn man zum al-
ten Mittelpunkt der Republik, zur Piazzetta und dem
Marcusplatz gelangt, welche durch ein höchst glückliches
Gemisch von Regel und Zufall ein Ganzes von architek-
tonischer und malerischer Wirkung ausmachen, wie die
Welt es ebenfalls nicht zum zweiten Male aufweisen
kann.   Die Hauptmassen bilden hier, gleich schön und
eigenthümlich, die Marcuskirche und der Dogenpalast,
gleichsam Herz und Kopf des Staats.

Welch ein lebhaftes Bewußtsein dieser Wunder von
Venedig schon von Alters her die Italiener durchdrang,
beweist das berühmte, lateinische Epigramm des Dichters
Sannazar*), welches ich mir erlaube der verehrten Versammlung in einer versuchten Übersetzung mitzutheilen:

---

*) Viderat Adriacis Venetam Neptunus in undis
    Stare urbem, et tanto pouere jura mari.
  Nunc mihi Tarpejas quantumvis Jupiter arces
    Objice et illa tui moenia Martis, ait.
  Si pelago Tyberim praefers, urbem aspice utramque
    Illam homines dices, hanc posuisse deos.

Als, in den Wogen gegründet, Neptun Venedig erschaute,
Wie es in ruhiger Kraft trotz dem unbändigen Meer,
Sprach er zu Jupiter: Setze, so viel dir behagt, mir entgegen,
Deine tarpejische Burg mit der Ummaurung des Mars!
Ziehest den Tiber dem Meere du vor, von den Städten bekenne:
Menschen nur haben dein Rom, Götter Venedig gebaut!

Der Senat von Venedig fand, daß der Dichter würdig von der Stadt gesprochen und drückte ihm daher seinen Dank in einem Schreiben aus, welches mit 100 Dukaten für jede der sechs Zeilen begleitet war. Sein Bildniß, im Auftrag der Republik von Tizian gemalt, fand seine Stelle im Dogenpalast unter denen der ersten Männer Venedigs.

Treten wir jetzt einen Augenblick in die Kirche des heiligen Marcus! Die Schutzpatrone der Städte nehmen in Italien öfter eine ähnliche Stellung ein wie die Localgötter im alten Griechenland. Wie die Athener Alles zur Verherrlichung der Pallas aufboten, so die Venetianer zu Ehren des heiligen Marcus. Hiervon legt die frei nach dem Vorbilde der Sophienkirche in Konstantinopel erbaute Kirche das glänzendste Zeugniß ab. Nicht nur die Wände und die fünf Kuppeln des Innern, sondern auch die Vorhalle und die Vorderseite sind durchaus auf die kostbarste Weise, nämlich mit musivischen Gemälden aus der heiligen Geschichte auf musivischem Goldgrunde, ausgeschmückt, woran von der Entstehung der Kirche bis ins 17. Jahrhundert, wennschon mit Unterbrechungen, gearbeitet worden ist. Der Eindruck dieser prachtvollen Feier ist einzig in seiner Art! Das Seltenste und Kostbarste von Gegenständen der Kunst, welche Siege oder der Handelsverkehr den Venetianern zuführten, wurde hier dem Heiligen geweiht. In diesem Sinne stellten sie die berühmten bronzenen Pferde, welche sie in Konstantinopel erbeutet, über dem Hauptportal der Marcuskirche auf, drängten von Porphyr und andern seltenen Steinarten Säulen an Säulen und schmückten den Fußboden mit schönen antiken Mosaiken. Von der kunstreichen Altartafel aus gediegenem

Golde, von den reichen und schönen Altären und Kan=
zeln näher zu sprechen, verbietet mir die Zeit.

Die ganze Reihe der großen und kleinen Räume des
meist im großartigsten, italienisch = gothischen Geschmack
erbauten Dogenpalastes ist von Paul Veronese, Tin=
toretto und vielen andern Malern der venetianischen
Schule, mit zum Theil kolossalen Gemälden geziert, deren
Mehrzahl sich auf die Großthaten und die Verherrlichung
der Republik bezieht. Um eine Vorstellung von dem
Reichthume der künstlerischen Production zu geben, be=
merke ich, daß die Hauptsäle schon im 15. Jahrhundert
auf eine ähnliche Weise von den Bellini und andern
gleichzeitigen Malern geschmückt waren, welche Bilder aber
bei einem großen Brande zu Grunde gegangen sind.

Eine beträchtliche Zahl von Gemälden, welche vordem
Altäre der Kirchen und die Versammlungshäuser heiliger
Brüderschaften zierten, jetzt aber in den Sälen der Aka=
demie der Künste vereinigt sind, setzen durch Schönheit
und Umfang in Erstaunen. In dem kolossalen Gemälde
von Tizian daselbst, der Himmelfahrt der Maria, feiert
die Glut und Tiefe der Farbe, welche dieser Schule vor
allen eigen ist, einen glänzenden Triumph. Aber auch
viele Gemälde, welche noch heute in den Kirchen übrig ge=
blieben, sind von großer Bedeutung.

Das Andenken der großen Männer der Republik lebt
in den prachtvollen Familiendenkmälern fort, von denen
sie noch heute stolz und streng herabblicken. Viele Kirchen
prangen mit solchen. Vor allen großartig erscheinen
aber durch ganze Reihen die Kirchen S. = Giovannie
Paolo und de' Frari. Bildhauer wie die Lombardi,
Sansovino und Alessandro Vittoria haben in Denkmalen
dieser Art mit ihr Bestes geleistet.

Nur in wenigen Palästen ist seit dem Untergange der
Republik noch der alte Schmuck des Innern erhalten wor=
den, doch so manches daraus herstammende Geräth, als:
Marmorkamine, Spiegelrahmen und Truhen in Holz,

wie von beiden Beispiele neuerdings für das Museum er-
worben worden, und so viele andere Gegenstände zeigen,
daß hier die Kunst in Reichthum und Schönheit der Arbeit nicht zurückgeblieben ist.

Die Unzahl von historischen Bildern und Bildnissen
der großen venetianischen Meister, welche jetzt, in ganz
Europa zerstreut, die Bewunderung der Kunstfreunde ausmachen, bedeckte einst die Wände der Privathäuser in
Venedig und gewährte ihnen so den edelsten Schmuck.

Was aber in Italien den Fremden fast noch mehr in
Erstaunen setzt als die Fülle von Kunstdenkmalen, welche
ihm in großen Mittelpunkten des Lebens wie in Venedig
oder den andern obengenannten Städten entgegentritt,
sind die Kunstwerke der großartigsten und edelsten Gattung,
welchen er in kleinen, abseits gelegenen Orten begegnet.
Kein Umstand beweist wol schlagender, wie echt und allgemein die Kunstbegeisterung gewesen, welche Italien im
Mittelalter durchdrang.

So fand ich in der kleinen Stadt Gubbio in Umbrien, welche, sehr malerisch am Apennin gelegen, die große
Ebene von Umbrien beherrscht, das vormalige Rathhaus
von einer Schönheit und Mächtigkeit der Anlage, welche
den ersten Städten zur Zierde gereichen würde. Die
Substructionen aber, sowie hohe, aus Werkstücken ge-
baute Gewölbe, welche eine Terrasse vor demselben tragen,
sind von einer Kühnheit, Umfang und Gediegenheit der
Arbeit, wie sie den alten Römern Ehre gemacht haben
würde. Dieser ganze, dem 14. Jahrhundert angehörige
Bau rührt von Arnolfo her, dem Architekten des vor-
maligen Rathhauses von Florenz, welches, seitdem die
Medici Herren der Stadt geworden, den Namen Palazzo
vecchio erhalten und eine der Hauptzierden des berühmten
Platzes, genannt del Granduca, zu Florenz bildet. Aber
auch außerdem hat Gubbio so stattliche Paläste, wie nur
wenige der größten Städte Deutschlands sie aufweisen
können. Endlich wurden mir in der Kirche Sta.-Maria

nuova Bilder eines Malers Demartis gezeigt, der eine
Andacht, einen Schönheitssinn besitzt, welche einem Gen=
til da Fabriano oder einem Fiesole nicht nachzustehen
brauchen.

Noch mehr als das Rathhaus zu Gubbio setzt der
Dom zu Orvieto, einer Stadt von 7000 Einwohnern,
in Erstaunen, dessen große Façade mit einer Unzahl höchst
geistreicher Reliefs in Marmor, von Erschaffung von Adam
und Eva bis zum jüngsten Gericht, von Schülern des
großen Bildhauers Nicola Pisano bedeckt ist und dessen
Inneres in einer ansehnlichen Kapelle das jüngste Ge=
richt von Luca Signorelli enthält, eins der geistreichsten
und großartigsten Werke, welche die italienische Kunst
überhaupt hervorgebracht hat.

Am überraschendsten ist es aber fast, in einem ganz
kleinen Felsennest, wie Montefalco, ebenfalls in Um=
brien, in zwei Kirchen eine Reihe sehr schöner Fresco=
malereien des berühmten Benozzo Gozzoli zu finden,
dessen Hauptbilder im Campo santo zu Pisa bekanntlich
wegen Lebensfrische, Heiterkeit und Fülle der Erfindungen
zu den gepriesensten Werken der altitalienischen Malerei
gehören.

Von den unermeßlichen Kunstschätzen, welche Italien
bewahrt, erwähne ich hier nur noch des Vaticans. Die
Erde bietet keine zweite Stelle dar, wo man so inne wird,
was eine Umgebung der mannichfaltigsten und edelsten
Kunstwerke zu bedeuten hat! Der überschwängliche Reich=
thum von zum Theil hochgepriesenen Werken der Sculp=
tur in einer langen Verkettung der prächtigsten Räume
aufgestellt, gewährt eine wunderbare, massenhafte
Anschauung der Herrlichkeit der antiken Kunstwelt.
In den Frescogemälden des Michel Angelo in der Six=
tinischen Kapelle, denen des Rafael in vier Sälen
und einer Galerie, den sogenannten Stanzen und Lo=
gen, tritt dagegen dem Beschauer das Höchste, was
die Kunst des Mittelalters hervorgebracht, in der größ=

ten Fülle entgegen. Ein einziger Saal, die sogenannte Camera della Segnatura, worin Rafael's weltberühmte Gemälde der Theologie, gewöhnlich Disputa, der Philosophie, gewöhnlich Schule von Athen genannt, der Poesie und der Jurisprudenz befindlich sind, enthält einen solchen Schatz der erhabensten und schönsten Kunst, daß dieser allein eine Reise nach Rom reichlich belohnt. Und allen diesen Schätzen schließen sich noch die berühmtesten Altargemälde Rafael's, eine Transfiguration, eine Madonna von Foligno, endlich die ganze Reihe der nach Rafael's Cartons gewirkten Tapeten an! von berühmten Bildern anderer großer Künstler, als Tizian, Domenichino, gar nicht zu reden.

Gegen die Mitte des 16. Jahrhunderts sanken die bildenden Künste in Italien und büßten den monumentalen Stil ein, welchen sie auch, so viel Schönes im 17. Jahrhundert in andern Beziehungen im Gebiete der Malerei geleistet worden ist, nicht wieder finden konnten. Im 18. Jahrhundert arteten endlich alle Künste in ganz Europa in widerliche Manieren, meist zugleich in gänzliche geistige Verflachung aus.

Mit der Geistesfrische, wozu ein Theil der europäischen Menschheit sich seit den letzten Jahrzehnden des vorigen Jahrhunderts ermannt hat, erwachte auch unter Fürsten und Völkern ein ernsteres und tieferes Bedürfniß nach den bildenden Künsten, und eine Reihe bedeutender Talente sind seitdem aufgestanden, diesem auf eine würdige Weise zu begegnen. Unter den Fürsten wird dem Könige Ludwig von Baiern der Ruhm bleiben, die hohe geistige Bedeutung der bildenden Künste in ihren großen, öffentlichen Beziehungen wieder zuerst erkannt und in diesem Sinne einer monumentalen Kunst in verhältnißmäßig kurzer Zeit eine überraschende Fülle von Schöpfungen ins Leben gerufen zu haben. Höchst bedeutend aber ist es auch, was unser hochseliger König in der letzten, so segensreichen Hälfte seiner Regierung für die bildenden

Künste gethan, wenn es schon mehr von dem allgemeinen
Standpunkte als Landesvater geschehen, welchem keine Be=
ziehung, insofern sie die geistige oder leibliche Wohlfahrt
seines Volkes fördern konnte, fremd geblieben ist. Wenn
heute die Gegend von den Linden bis zum Lustgarten zu
den imposantesten gehört, welche irgend eine Residenz in
Europa aufzuweisen hat, so ist dies sein Werk. Und
zwar nicht blos durch so schöne Gebäude, wie die Königs=
wache, die Bauschule und das Museum, sondern ganz be=
sonders durch die Anlage der Schloßbrücke, indem dadurch
erst eine, so edeln Bauwerken, wie dem Schlosse und
dem Zeughause, angemessene Verbindung und somit eine
harmonische Wirkung der ganzen Umgebung erreicht wor=
den ist, worauf in Dingen der Kunst so unendlich viel
ankommt. Welcher Kunstsinnige erinnert sich aber nicht
mit einem ästhetischen Schauder des grellen Gegensatzes,
in welchem die elende hölzerne Hundebrücke mit jenen Ge=
bäuden stand! Auf das Geheiß des hochseligen Königs
entstanden Denkmale, wie das auf dem Kreuzberge, und
die der Feldherren, durch welche die große Zeit der gemein=
samen Begeisterung für die Befreiung des Vaterlandes
auf immer im Sinne des Volkes fortleben wird. Der
Segen des Himmels fehlte aber auch bei der Ausführung die=
ser und anderer Denkmale dem Herrn nicht, denn er ge=
währte ihm hierzu zwei Männer, wie Schinkel und
Rauch, so vieler anderer talentvoller Künstler, welche
ebenfalls thätig mit eingegriffen haben, zu geschweigen.
Dasselbe gilt von den großen Erfolgen, welche die bil=
dende Kunst durch ihre Verbindung mit den Gewerben
auf die Verbreitung eines edeln Geschmacks bei jeglichem
Geräth ausgeübt hat. Ich brauche hier nur den Namen
Beuth zu nennen.

Geist und Art der verschiedensten Völker und Zeiten,
wie sie sich in den bildenden Künsten offenbart haben, in
allen oben erwähnten Beziehungen kennen zu lernen, sich
daran zu erfreuen und zu belehren, ist durch die Grün=

. Wie gen. einungen als
erfreuliche Zeichen die bildenden
Künste wieder angefan, eigenthümliche
Sprache auf eine würdige Wei. daß diese von
Manchem verstanden, von Vielen weu, ..s vernommen
wird, so können wir uns doch nicht verhehlen, daß es
noch sehr weit hin ist, bis die bildenden Künste als ein
geistiges Bedürfniß allgemein im Volke Wurzel ge=
schlagen haben werden. Für beiweitem die Mehrzahl der
Menschen sind sie immer noch so gut als nicht vorhan=
den, Manche halten sie sogar für etwas Sündhaftes, und
sehr Viele, welche einige Theilnahme dafür zeigen, betrach=
ten sie lediglich als ein müßiges Spielwerk, einen erlaub=
ten Zeitvertreib, dem man neben so vielen andern wich=
tigern der Art, als einer Partie Whist oder Boston, auch
sein bescheidenes Plätzchen gönnen kann. Wie wenig fest
noch der richtige Geschmack für Schönheit der Hausgeräthe
begründet ist, beweist die Schwärmerei für das sogenannte
Rococo, welches man noch vor zehn Jahren fast all=
gemein mit Recht für das Non plus ultra des Unge=
schmacks hielt.

Daß aber auch in den bildenden Künsten, wie in al=
len andern geistigen Bestrebungen Vorwärts! unsere
Losung ist, dafür bürgt uns der echte Kunstsinn, wel=
cher Seine Majestät den König beseelt. Daß es sein
Wille ist, auch die Malerei in ihrer monumentalen
Bedeutung, welche ihr bisher bei uns aus Mangel an Ge=
legenheit mit wenigen Ausnahmen*) gefehlt, aufleben zu
lassen, beweist die Herberufung des Meisters, welcher
darin in Umfang und Gehalt das Namhafteste in unsern
Tagen geleistet hat, Cornelius. Schon hat in diesem

---

*) Hierzu gehören die Gemälde in der Werderschen Kirche, von
Begas, Schadow und Wach ausgeführt.

Sinne unter
Composition‹
dige Weise v   ‑uch der Ver=
herrlichung v   ‑‑‑‑en Kreise von fei=
ner. eigenen J.   ‑ Solche Vorgänge aber
werden zuversi‑   ‑‑‑ne reiche Nachfolge bleiben.

Alle andern ‑‑‑unstfäden, welche der Tod des hochseli=
gen Königs abgerissen, sind wieder aufgenommen und an=
gesponnen. So wird z. B. die Schloßbrücke im vollen
Schmuck der Sculpturen prangen, zu deren Aufnahme die
prachtvollen, granitenen Fußgestelle bestimmt sind. Schon
jetzt erklären Kunstfreunde, welche g[ ]hen, was Europ
darbietet, das Geländer der Schloßbrücke an Schönheit
und Eigenthümlichkeit der Erfindung für unübertroffen;
mit jenen acht Marmorgruppen aber wird diese Brücke,
was feinen, edeln und bedeutenden Kunstschmuck anlangt,
unbedingt nicht ihres Gleichen haben.

Über die Kunst der Gegenwart in ihren so vielsei=
tigen Beziehungen wird indeß von Sr. Majestät dem Kö=
nige die Kunst der Vergangenheit nicht vergessen. Ein
stattlicher Neubau steigt empor, um die bisher an andern
Orten zerstreuten Abtheilungen der königlichen Sammlun=
gen, die Gypsabgüsse, die ägyptischen Alterthümer, die
Kunstkammer, das Cabinet der Handzeichnungen und
Kupferstiche, wie die germanischen und slawischen Alter=
thümer in würdiger Aufstellung mit dem Museum zu
vereinigen, und jede Gelegenheit wird benutzt, um durch
Erwerbung namhafter Werke das Museum seiner großen
Zwecke, der Bildung des Geschmacks und des Kunstsinns
wie der mannichfachsten Belehrung, immer würdiger zu
machen.

Druck von F. A. Brockhaus in Leipzig.

CPSIA information can be obtained
at www.ICGtesting.com
Printed in the USA
BVHW04*1722290818
525941BV00010B/89/P

9 780364 952344